ひとくち法話

いま伝えたい言葉

中村 薫

法藏館

目次

ひとくち法話

いま伝えたい言葉

常平生《つねへいぜい》真面目な人は
戦争に対しても真面目である。

……………ビアス『悪魔の辞典』……………

真面目ということは、大切なことです。ところがビアスは、真面目な人は戦争を正義とすれば、真面目に戦争に協力することもあるというのです。

この地球上に生きる多くの人は、戦争の悲惨性を恐れ、戦争がいけないことだとは十分承知しているはずです。

じつは平和を願うといっても、その考え方は二通りあると思います。一つは武器を持って願うのと、もう一つは一切の武器を放棄して恒久的平和を願うことです。

今日、日本では、前者の考えの人が圧倒的に多いと思います。そして、抑止力として武器を保有しないと、隣国から攻められたときどうする、と必ず仮想敵国を作り上げます。

これまでの人類の歴史から見れば、愚かなことに、武器を持てば使いたくなるのが人間です。たとえ観念的といわれ、遠い道かもしれませんが、一切の武器を持たずに平和を願うのが一番確かだと思うのはわたしだけでしょうか。

真面目に戦争を賛美する時代がこないことを、願わずにはおられません。

一人居て賑《にぎ》やか。
大勢居て静か。

曾我量深

この言葉は、元大谷大学学長の曾我《そが》量深《りょうじん》先生の、浄土の世界についてのお諭《さと》しです。

一般的には、一人で居ると寂しくて、反対に大勢で居ると喧《やかま》しく思うでしょう。人間は年齢を重ねるとともに孤独を感じることが多くなるのではないでしょうか。一人ぼっちになるのが怖いときもあります。将来に対して不安を抱くこともあります。しかし一方で、大勢で居ると喧《やかま》しく、煩《わずら》わしさを感じ、一人で静かになりたいと思うこともあります。我が儘《まま》かもしれませんが、それがわたしたちの日常生活で、仏教ではそれを娑婆《しゃば》というのです。

ところが、曾我先生は、「一人居て賑やか。大勢居て静か」と言われるのです。わたしはそれを浄土の世界と言っています。いつも仏と共にあるので賑やかであり、独立した世界です。だから安心して独り立ちでき、周りから孤立することなく、整然と自身のいのちが輝く世界です。それは大勢の中で、一人ひとりと静かに語り合うことができる世界でもあります。曾我先生は、念仏の世界は娑婆と浄土を懸け離れたものとせず、娑婆がそのまま浄土の世界を開くものであると言われるのです。

親鸞は弟子一人《いちにん》ももたずそうろう。

『歎異抄』

われわれの人生において、先生（善知識）を求め、真実の教え（仏法）に出遇うことは最も大切なことです。ところが、仏法を求めつつ、知らず知らずのうちに人と法とに執着してしまうこともあります。それを人執《にんしゅう》法執《ほうしゅう》といいます。

法は真理そのものですから、すべての人に開放されているはずです。もちろん、法を説く善知識についても同様です。それをわれわれは、いつの間にか「わが法、わが師こそ一番」と執着してしまいます。

親鸞聖人は改めて「わが弟子ひとの弟子」ということはないと言われます。それは聖人在世の当時から、「わが弟子ひとの弟子」という差別があったからです。もし弟子という言葉を使うとしたら、みな同じ「仏弟子」ということになるはずです。だから親鸞聖人は自ら、関東のお弟子に「（自分の）弟子を一人ももったことはない」と言われました。

本来、浄土真宗では、教祖とは言いません。親鸞聖人は、どこまでも仲間の人と共に、御同朋御同行《おんどうぼうおんどうぎょう》として念仏の教えに生きていかれた人です。

天命に安《やす》んじて人事を尽くす。

清沢満之

「人事を尽くして天命を待つ」という言葉があります。十分に人力を尽くして、結果はただ運命に任せるということです。

ところが、明治の仏教学者清沢満之《きよざわまんし》先生は、「天命に安んじて人事を尽くす」と言われるのです。人事と天命がひっくり返っています。もちろん清沢先生の言われる天命は、運命というより如来のはたらきを意味しているといってよいでしょう。

清沢先生にとっては、「安んじて」という言葉が大事な意味を持ってきます。どこまでも如来のはたらきに任せて、安心して自分の力を発揮できるという境地です。

自分の力を十分出せることは、先々の不安や心配のいらない世界です。今日ただ今を悠々自適に生きる世界の確立です。それはどんな努力も無駄ではないということです。

わたしたちは往々にして、その時々の自分に都合の良い結果のみを求めます。しかし、すべては如来のはたらき（天命）の中にあり、自身の計《はか》らいは一切通らないと言われるのです。それは逆に、どのような結果になろうが心配ないという世界です。

信じて救われるのではないのです、
救われてあることを信じるのです。

安田理深

およそ宗教である以上、人間の救いを目的としないものはないでしょう。そして、どんな宗教であろうと、信ずることから始まります。

ことに仏教では「仏法の大海は信をもって能入となす」と説かれています。信そのものが仏道の出発点です。仏の教えを信じて、正しい修行をして、覚りの世界に入るのです。信じて救いにあずかるというのが一般的です。救われるとは、浄土に生まれることでもあります。

ところが安田理深《やすだりじん》先生は、浄土に生まれるとは、救われ難きわが身の自覚が、すでに救われてある確信に触れることであると言われるのです。これは一見矛盾しているようですが、じつは人間の努力の限界性を知ることであり、救いのすべてを如来に任せるという確信でもあります。

たとえば、猿型と猫型の違いです。猿の子は親猿に自らしっかり捕まって移動する。子猫は、親猫にくわえられて身のすべてを親猫に任せて移動するそうです。信じて救われるのを猿型とすれば、安田先生の救われてあることを信じるというのは猫型と言えるのではないでしょうか。

真理は非人情だ。
医者が自分の子どもを
診察できないのと同じように。

毎田周一

十数年前、子どもがベッドから落ちて怪我をしたことがありました。唇を切って大変な出血でした。応急の止血をし、近くの病院へ運びました。

休診日ということもあって、先生はなかなか診察室に現れませんでした。わたしは泣く子どもを抱えていらいらしていました。やっと先生が白衣を着て現れましたが、慌てるわたしをよそに、先生はゆっくりしておられるのです。傷を見てから顔を布で覆い、針で傷口を縫い始めました。「少し痛いが辛抱するのだぞ」と言って四針ほど縫って、痛み止めをくださいました。

先生の落ち着きがあって初めて、ちゃんとした診療ができるのであると、そのとき思いました。医者が感情的になり、オロオロしたら逆に患者が不安になるでしょう。もちろん、医者も自分の子であったら、きっと冷静に対処できないと思います。

毎田周一《まいだしゅういち》は、医者の診察と同様、真理も非人情であると言います。それは宗教の真理は、客観的に事実を見つめるものであって、主観的感情に流されるものではないからです。

人々は残酷である。
だが人間はやさしい。

タゴール

人間は優しさと、残酷性とを同時にもっているのでしょうか。

インドの詩人であり思想家でもあるタゴールは、人間の集団的残虐性を指摘しています。たとえば、戦争による集団的殺戮《さつりく》です。家へ帰れば、優しい息子であり、夫である一人の男が、戦争に駆り出されれば、数限りない犯罪を犯します。殺すか殺されるかの極限状態です。一人の人間も集団的人々になると人格すら変わってしまう。恐ろしいことです。

一方、今日の子どもたちを取り巻くいじめも、一対複数の場合が多いと言われています。一対一のいじめは成立しにくいわけです。そこに集団的心理が生じ、ついつい非人間的な行為に走ってしまうのです。それも無意識のうちに。

かつての関東大震災で、在日朝鮮の人が井戸に毒を入れたという風評が流れ、不安に駆られた人々が朝鮮の人を殺害したという話を聞いたことがあります。残酷な事件でした。

そんな中、タゴールはわたしたちに、どこまでも人間の個の優しさを信じる生き方の大切さを教えてくれていると思います。

宅あれば宅を憂《うれ》う。……宅なければ

また憂えて宅あらんと欲《おも》う。

……………『大無量寿経』……………

以前、高校生に「あなたにとって最も大切なものは何ですか」と尋ねたことがありました。いのち、お金、友達、家族という答えが圧倒的多数を占めました。彼らはそれらが満たされたとき、幸せを感じるのでしょうか。

人間は厄介なものです。ものが豊かになれば、幸せかというとそうとは限らないのです。家がない人は自分の家が欲しいと思うのは当然です。ただここで大切なことは、家のある人はある人なりに憂い悩むことがあるというのです。人間は、ものがあってもなくても憂い悩む存在です。

人間にとって、本当の幸せとは何でしょうか。金と地位と名誉と権力で、心は満たされるのでしょうか。結局のところ、宅はあってもなくても悩み憂うのが人間であるというのです。もうぼつぼつ学歴優先主義、経済至上主義から脱却して、人間の絆を大切にする時代の到来だと思います。そのような意味から、改めて「わたしにとって最も大切なものは何か」と問うと、わたしは念仏だと思います。

文化というのは、簡単に言えば
いのちを大切にすることです。

住井すゑ

『橋のない川』の作者住井《すみい》すゑさんは、九十五歳の生涯を通して、差別と闘い、いのちの尊厳に生きた人です。

日本が文化国家として生きるのか、武力国家として生きるのか、今岐路に立たされています。これまでの日本が、アメリカの傘の下に経済発展を遂《と》げてきたことは何人も認めざるを得ないでしょう。アメリカとの関係重視において、増大する防衛費、憲法九条を変えてでも自衛隊を海外へ派兵したい人々、自衛隊はもはや軍隊であるから自衛軍にすべきだと主張する人々もいます。しかし、本当に文化国家として生きるならば、たとえば、沖縄の普天間問題でも、わたしたち一人ひとりが意見を言っていくべきだと思います。

老子の言葉に「兵器は凶器」があります。料理をするための文化包丁でも、人を刺し殺せば凶器にもなります。最初から殺戮《さつりく》のために作られた兵器は、凶器です。いのちを尊ぶ文化国家にするには、武器を放棄することしかないのではないでしょうか。

今、本当に差別のない世界、国家や民族や宗教を超えた平等な世界の確立が急務だと思います。

宗教は、解決できない問題を荷負し、
それが課題となることである。

藤元正樹

真宗学者藤元正樹《ふじもとまさき》先生は、問題と課題は違うと言われるのです。

問題は、わたしたちと関係のないところで生じ滅していきます。一難去ってまた一難の世界です。答えを求めて難題を解決することです。ところが、課題はそうではありません。課題というのは、わたしとの関係において、どこまでも願いによって成り立つものです。

たとえば、老人問題一つをとってみても、他人事であれば、時が過ぎれば忘れてしまいます。ところが、自分が老人になって認知症を感じるようになったり、また、家族で老人を抱えている人は、困ったという「問題」ではすまされません。どうすべきか「課題」が与えられるのです。まさしく福島原発の事故も、困った問題ではなく、人類にとって「原発とは」という課題が与えられているとも言えるでしょう。

問題は、頭で考えた世界です。課題は、思い通りにならない現実に立った生活そのものです。課題を明確化することは、仏の教えを聞くことから始まります。それは私利私欲の日常性のなかで、仏の真実の願いに生きることでもあります。

依頼は苦痛の源なり。

清沢満之

清沢満之先生は、依頼心は、煩悩の源であると言われます。依頼はしてもされても苦痛を伴います。

ずいぶん昔のことです。祖父から買い物を頼まれました。万年筆の、パーカーのブルーのインクでした。文房具店を二軒ほど回ったのですが、品物がなかったのです。二時間ほど探していると、だんだん腹が立ってきました。インクだったら何でもいいだろうに。どうして自分は他人のためにこんなに苦労しなければならないのか。几帳面な祖父は他のものでは許さないことは知っていたので、よけいに腹が立ったのです。

またあるとき、連れ合いに郵便局へ振り込みをしてくるように頼みました。ところが何日も振り込み用紙が机の上に置かれたままだったのです。腹が立ってきました。なぜ頼まれたことを早くしてくれないのかと。相手の都合を考えずに思ったのです。

人間は、依頼してもされても、どこかで依頼心の執着から脱却しなければ苦痛は治《おさ》まらないのでしょう。

人間は生死《しょうじ》の苦しみをのがれようとして生死に苦しんでいる。

曾我量深

生と死は、人間の最大の関心事です。誰もが人間に生まれた以上、必ず死ぬことはわかっています。しかし、この世界にいつまでも執着をもっているのも事実です。ただ常平生は、あまり生死については深く考えず、むしろ遠ざけているのが、わたしたちかもしれません。たまたまガンで余命半年と言われ、「それなら今日は酒を飲んで寝ようか」という人はいないでしょう。聞いた瞬間から生に対する執着、死に対する恐怖に襲われるのではないでしょうか。

だから、本当に死を受容できるまでには、時間が必要だと思います。そこで初めて逃れることのできない身の事実が教えられるのです。それは辛い悲しい耐え難いものです。

親鸞聖人は、人間の計《はか》らいを「聖道《しょうどう》の慈悲」といって救われ難いとし、ただ「浄土の慈悲」のみが末通《すえとお》る救いであると言われます。浄土の慈悲に立ったとき、逃れられない生死の苦が引き受けられると言われるのです。だから曾我量深先生は、死から逃れようとしているわたしたちは、いのちある間、生死に苦しみ続けると言われるのです。

苦しんでいることは救いではないが、
救いの縁となりうる。

安田理深

人生、苦もあれば楽もあると言われます。昔、祖母から「お前さんたちの苦労など、わしが嫁に来たときの苦労と比べたら苦労のうちに入らない」と言われました。今自分もまた、年を取って、子どもたちと接していると、「最近の若い人は苦労が足らない」と言ってしまいそうです。本当は苦はいやで楽をしたいのですが、ともすれば、楽も苦も一番でないと承知できない自分がいるのではないでしょうか。

そうした人生の苦楽は、どこまでも一人ひとりの受け止め方によって異なるとも言えます。苦を苦として受け止められる人、受け止められず逃げる人、それぞれです。ただ、いくら苦を受け止めたとしても、救われるものではないのです。苦を通して、人間が大きく成長することはあるでしょう。「可愛い子には旅をさせろ」と言われるように、親は子どもをときには突き放し苦労をさせることも大事なことかもしれません。しかし安田理深先生は、苦が必ずしも救われることにはならないが、苦はあくまでも、救われる手だてをいただくことであると言われるのです。

広島・長崎に原爆が投下されたという
事実は、三発目の投下はあり得ないと
いう保証にはならない。

安田理深

二〇〇七年（平成十九）、長崎で某防衛大臣が、原爆のお陰でさらなる犠牲を防ぎ戦争が終わった、つまり、原爆投下は仕方がなかったと言っていました。敗戦後六十数年経った今日、依然として、原爆の後遺症で苦しんでいる被爆者にとって、戦争は終わっていないのです。仕方がなかったではすまされません。

二度と原爆が使われてはならないことは、万人の周知することです。今こそ、非核三原則の下に、この地球上から一切の核兵器を無くさなければならないと思います。

毎年八月になると、広島・長崎の人々の苦しみを思い、胸が痛くなります。二度と繰り返してはならない象徴として原爆ドームはあるのだと思います。

安田理深先生は、広島・長崎に原爆が投下されたという事実は、同じ過ちを起こさないという保証にはならない、と言われるのです。恒久的平和を望む確かなことは、核兵器を持たない、持たせないことです。この世から核を廃絶させることしかありません。武力による制圧は、新たな悲劇を生むだけです。

真卽新

金子大栄

金子《かねこ》大栄《だいえい》先生は、「真即新」と言われました。時代が進めば、人間の心は良くなるかといえば、必ずしもそうではありません。新しいものがすべて良く、古いものはだめだというのではないでしょう。真実なるものはいつまで経っても新しいのです。反対に、新しいものが真実とは限らないのです。

これまで日本は、高度経済成長の下に新しいものを求めて進んできました。それは必ずしも真実を求めてきたとは言えません。

「真」の対義語としては、「偽」が考えられます。偽という字には、ウソ・イツワリ・ニセという意味があります。偽は、人偏に為と書くので、人の為というのはニセということを表しています。かつて国の為、国民の為に生きることを強要された時代がありました。

その場合、ウソが多いのです。

今、国民にとっては、真実なる政治、真実なる教育、真実なる情報が求められています。

その真実こそ、いつでも新しいものとしてわたしたちに関わってくるのです。

世間虚仮《せけんこけ》　唯仏是真《ゆいぶつぜしん》

聖徳太子

人間の生きている現実の世界は、無常です。ものごとは常に変化しています。それはときには虚しいものです。そして、仏教では、ものはすべて他との関係によって存在しているため、仮にこの世に存在しているに過ぎないというのです。

ところがわたしたちは、仮に存在しているに過ぎないものに執着して悩んでいます。たとえば金に執着し、地位名誉に執着して悩んでいます。ときにはその真実がわからず、自分を見失い、とんでもない悪事をはたらく人もいます。

聖徳太子は、そうした現実を、虚仮不実の世界と見抜かれました。まさしく今日の科学文明の世界は、バーチャルの世界といってよいでしょう。何が虚仮で、何が真実かわからなくなってしまいました。そんな中で、ただ仏の真理のみは、時代を超え、国家民族を超え、わたしたち一人ひとりに輝いているというのです。いつでも、どこでも、誰にでも救われる道は開かれています。聖徳太子は、世の中の分別《ふんべつ》による計算などの間に合わないことを教え、ただ仏のみ真実であると言われるのです。

身《しん》愚《ぐ》神《じん》闇《あん》　心《しん》塞《そく》意《い》閉《へい》

……………『大無量寿経』……………

人間のいのちは、身と心で生きています。身体も健康で、心も元気であれば、人間は充実した生活を送ることができるはずです。ところがお釈迦さまは、人間の根源的な苦しみを「生老病死」と説きました。いわゆる四苦《しく》の中の病の問題です。

人間はいったん病気になると、心も同時にすさんでくるのが常でしょう。反対に心に心配事があれば、身体もどこか不安定になります。精神と肉体は、互いに関係しあっているわけです。

精神と肉体の関係は、過去・未来・現在の三世《さんぜ》に関わってきます。その中で過去・未来は、心の問題と言ってよいでしょう。今現在のみ、身心ともに生きています。だから、過去の記憶と未来の思いが、今現在の自身を苦しめているのです。

『大無量寿経』では、身は愚かにも精神の暗闇に覆われ、心は意識的に身体を閉塞してしまうと説いています。今日の「引きこもり」も、身と心のアンバランスから生じていると思います。人間は、精神と肉体のバランスを保つことが大事なことなのです。

救われるということは
場所を給わること。

宮城顗

今に生きる子どもたちにとって耐え難いのは、居場所がないということでしょう。その居場所とは、自分を深く見つめ、他の人と語り合うことのできる精神的場所を意味します。

本来は家庭、あるいは学校が、生活の中で一番の居場所であるはずです。ところが、安心できるはずの家庭でいらいらしている。親子兄弟の心の疎通が持てない。学校は一番友達と出会えるチャンスがあるにもかかわらず、その学校で孤独であり、いじめの恐怖におののいているというのです。それは大変なストレスを感じると思います。

宗教的に見たら、本当の救いとは、浄土を見いだすことと言ってよいでしょう。その浄土とは、あなたとわたしが、当たり前の人間としての愛と優しさをもって関わり合える場所です。浄土がわたしの身と心に見いだされたとき、安心して娑婆《しゃば》（泣いたり笑ったり怒ったりしている現実の世界）に生きることができるのです。

宮城《みやぎ》顗《しずか》先生は、「救われるということは、そういう浄土の場をいただくこと」と言われるのです。

「無慚愧《むざんぎ》」は名づけて「人《にん》」とせず、名づけて「畜生」とす。慚愧あるがゆえに、すなわちよく父母《ぶも》・師長を恭敬《くぎょう》す。

……………………『涅槃経』……………………

父を殺し苦悩に耐えかねているアジャセに対して、『涅槃経』では慚愧の救いが説かれます。慚は自ら罪を作らず、愧は他人に何が罪であるかを教えてさせない。さらに、慚は人に恥じ、愧は天に恥じることです。この慚愧の心がアジャセの罪を救うと説かれています。慚愧のない者は、人間の姿はしていても畜生と同じだというのです。アジャセは、唯一慚愧の心によってのみ、父母を敬い、先生や老人を尊敬できる人間性を回復することができるというのです。

今日の世の中は、この慚愧の念が欠落していると言ってよいでしょう。親子・夫婦の殺し合い、先生と生徒が尊敬信頼しあえない学校の様子、政治不信などがマスコミで頻繁に報道されています。社会や他人を批判するのみで、とても自身の行いを恥じ入ることのない有り様は、とても人間の仕業とは思えません。今こそ、政治、経済、教育、家庭などすべてにおいて、慚愧の自覚が大切であると思います。畜生から人間になる道は、そこにしかないのではないでしょうか。

人間は元来勦《いた》わるべきものじゃなく
尊敬すべきもんだ。

西光万吉

全国水平社創立に立ち上がった西光万吉《さいこうまんきち》は、浄土真宗の僧侶でした。一八七一年（明治四）に「解放令」は出たものの、被差別部落の人に対する差別と偏見は依然として続いていました。それは、同情哀れみから出てくる勦わりのようなものであったからです。

もともと、勦《ソウ》という字を「いたわり」と読ませているのは西光しかいません。本来、勦《ソウ》とは、かすめ取る、殺す、奪うという意味の字です。

人間は労《いたわ》られて救われるのではなく、むしろ労り労られるような態度が、人間を駄目にするというのです。人間が人間として平等に生きていくことは、互いに尊敬するところに成り立つからです。

西光は、本当の人間解放とは、人間の深い魂の底から、尊敬し合うところからしか生まれないと言います。勦わりや同情では、解放はない。差別している人とされている人とが、互いに尊敬し出会うところから、真の人間解放が始まると言うのです。

過去に目を閉ざす者は結局のところ
現在にも盲目となります。

ヴァイツゼッカー

この言葉は、元西ドイツ大統領ヴァイツゼッカーの言葉です。先の大戦で、ナチスドイツは近隣の国に、多大な被害と苦痛を与えました。以来四十年間、国旗と国歌を変えて、近隣諸国に謝罪し続けたのがドイツでした。

大統領は、敬虔なキリスト教信者でした。彼は言います。戦争による「非人間的な行為を心に刻もうとしない者は、またそうした危険に陥りやすいのです」と。ドイツ人であるがゆえに、今生きている人々全員が過去に対する責任を負うべきだと言うのです。そして、「忘れることを欲するならば、追放は長引く、救いの秘密は心に刻むことにこそ」と、ユダヤ人の金言を引用しています。

今、日本人であるわたしたちは、アジアの人々にしてきた数々の戦争による残虐行為を、本当に心に刻んでいると言えるのでしょうか。アジアの人々の叫びを聞いていると言えるのでしょうか。

戦後生まれの人が、日本の人口の八割を超えているといわれている今日、戦争の非人間的な行為をどう心に刻んだらよいのか、じっくり考えたいと思います。

忙しいということは、
怠けている証拠です。

安田理深

忙しいことは結構なことです。特に商売している人にとっては暇では困るわけです。しかしよく考えてみると、「忙」という字は、立心偏を下にもってくると「忘」という字になるのです。

「忙しい」と「忘れる」は、親戚といってよいでしょう。「忙しい、忙しい」と言って、われを忘れ、気がついたら「こんな年になっていた。わたしの人生は一体何であったのか」と虚しさが襲ってくることになってしまいます。人生を一生懸命真面目に生きてきたことを否定するのではありません。ただ時間に流され自身の生きる意味を問うことをしなかったことに対して、安田理深先生は、それは怠けている証拠だと言われるのです。

わたしがお同行《どうぎょう》の家にお参りに行くと、以前は「御院さん、今日はひまを闕《か》いて、ようこそ」と迎えてくださいました。ところが、今日では、ほとんどの人が「今日はお忙しい中、ようこそ」と迎えてくださいます。忙しく走り回っている住職もお同行の人も、結局大切なものを見失って怠けているのかもしれません。

たとえば千歳《せんざい》の闇室に、
光もしばらく至れば
すなわち明朗《みょうろう》なるがごとし。

曇鸞大師『浄土論註』

千年間閉ざされた闇は、千年かけて明るくなるのではありません。それは一瞬です。たとえ千年の闇でも、マッチ一本で瞬時に明るくなるのです。

信仰も同じです。長い間迷い続けた人が、目覚めるときは一瞬です。信心開発《かいほつ》というのは、決してまやかしではなく、道理に目覚めることです。目覚めるということは、気づくことです。ありのままの真実に目覚めることです。夢を見ている間は、夢を見ていることに気づかないでしょう。夢から覚めて夢であったと気づくのです。

そうした迷っている事実に気づくことを、覚《さと》りといってよいでしょう。そういう意味では、今日から迷っている凡夫をやめて明日から仏になる、というような器用な話ではないのです。むしろ、限りなく無明の凡夫であることに気づいていくことが、仏になるということです。そこに仏の光明のはたらきがあるのです。

闇は闇自身からは破れません。闇は光に触れることによって、一瞬のうちに破られるのです。それが仏の光明によって、真実に気づくということです。

我今帰する所無く、
孤独にして同伴無し。

…………源信僧都『往生要集』…………

この言葉は、平安末期の源信僧都《そうず》の言葉です。彼の書『往生要集』巻上に出ています。地獄の中の一番底の地獄「無間《むげん》地獄」の中に出てくる言葉です。

人間にとって何より辛いのは、今現在の生きる拠り所が見つからないことです。今日、自らいのちを絶つ人が、毎年三万人を超えています。もちろん生活苦もありますが、多くの人は虚しさには耐えられず、心に大きな穴がぽっかり空いてしまい、死を選んでしまうのでしょうか。

たとえ死ななくても、辛い現実は、孤独を感じることです。友が見いだせない。家族の中でも対話がとぎれてしまう現実です。カッとして兄が妹を殺し、妻が夫を殺してバラバラにしたり、現代人の中には考えられないような異常な行動に出てしまう人もいます。帰るべき拠り所が見つからず、誰かそばに寄り添ってほしいと願っても、気がついたら誰も一緒に歩んでくれる人がいないほどの孤独感にさいなまれてしまうのです。共に語り合い、歩んでいく同伴者がいない。それを源信僧都は、まさにこの世の地獄だと言われるのです。

故郷へ帰れないから帰らないのと
帰れるけれども帰らないのとは
違うのです。

伊奈教勝

この言葉は、ハンセン（らい）病回復者の伊奈《いな》教勝《きょうしょう》さんの言葉です。四十年以上の長きに渡ってハンセン病療養所の長島愛生園に強制隔離された伊奈さんに、故郷が回復しました。

明治以降、国策として「らい予防法」が制定され、患者は強制的に隔離されていました。その「らい予防法」が廃止されたにもかかわらず、回復者の多くは、いまだに故郷が回復していません。伊奈さんも、入所当初は、故郷が恋しくて布団の中で涙したと言います。当時はまだまだ差別と偏見が強く、家族も差別を恐れ、伊奈さんの存在を社会から抹殺してしまったのです。

そんな中、伊奈さんは公の場で本名を名告《なの》り、多くの苦難の末、故郷へ帰ることができました。伊奈さんの「故郷へ帰れないときは、母のことを思い涙した。今、わたしにいつ帰ってきてもいいよと故郷が回復したとき、わたしは療養所の仲間と一緒の納骨堂に入ろうと思いました。心から安心できたのです。帰る自由と帰らない自由がわたしに与えられたのです」という言葉の意味は重いものです。

み仏に　救われありと　思い得ば
嘆きは消えむ　消えずともよし。

伊藤左千夫

アララギ派歌人の伊藤左千夫《いとうさちお》は、十三人の子宝に恵まれていましたが、七女の七枝を不慮の事故で亡くしました。数え三歳でした。左千夫は、自分はもう泣くより外はないと、自分の不注意を悔いたのです。そのときに詠んだ歌がこの歌です。

子どもを亡くした親の気持ちは、その人でなければわからないかもしれません。十三人の子宝に恵まれた左千夫は、決して十三分の一でなくて、一人ひとりが同じように可愛い子であったのです。

そんな中で、真宗大谷派僧侶の近角常観《ちかずみじょうかん》とも知遇を得ていた左千夫は、七枝はお浄土へ還っていったというけれど、大丈夫だろうか。仏さまの国に生まれているだろうか。もし七枝が仏さまに救われた確信が得られたならば、嘆きは消えるだろうか、安心できるだろうか、と自問を繰り返します。そこで、「消えずともよし」。嘆きが消えなくてもいい、私は生涯かけて七枝のことを思い続けていくと決断するのです。愛する子どもを亡くした親の気持ちは、「月日が経てば」というような話ではありません。

三歳《みっつ》の子どもに分からないことは、
大人にも分からない。

曾我量深

一般的には、子どもにはわからないけれど、大人になったらわかるというのが常識でしょう。しかし、曾我量深先生は、三歳の子どもにわからないことは、大人には決して理解できないであろうと言われるのです。

これはもとより知識や分別の世界ではないのです。知識や分別は、成長とともに身に付いていくものです。ところが、感性の世界はそうではありません。綺麗な花を見て、綺麗と感じる感性です。大人は花を見ても、「花の名前は」「花の産地は」「花の値段は」などといろいろな計《はか》らいに執らわれ、花そのものを見る目を失ってしまっているのではないでしょうか。

保育園で、転んで泣いている園児のそばで、「祐子ちゃん……」と一緒に泣いている園児の優しさはどこから出てくるのでしょうか。痛みを共有している園児の心は素直でしょう。それが大人になると、悲しみや喜びを共有できなくなってしまうのは、何と淋しいことでしょうか。

他流には、「名号《みょうごう》よりは絵像《えぞう》、絵像よりは木像」と、云《い》うなり。当流には、「木像よりはえぞう、絵像よりは名号」と、いうなり。

『蓮如上人御一代記聞書』

今日、たくさんの人々の間で、仏像鑑賞がブームになっています。広隆寺の弥勒菩薩、法隆寺の百済観音などは、人々の心を魅了して止みません。やはり、長い歴史を経て伝えられてきた仏像には、神秘的な安らぎを与える力があるのかもしれません。

しかし本来、仏像はただ芸術的に鑑賞するものではなく、信仰的拠り所として合掌礼拝《らいはい》するものです。

多くの仏教は、名号より絵像、絵像よりは木像というのが一般的です。そんな中で蓮如上人は、木像より絵像、絵像より名号が大事であると言われるのです。具体的には、「南無阿弥陀仏」(六字)、「南無不可思議光如来」(九字)、「帰命尽十方無碍光如来」(十字)の名号のいわれを聞くことが肝要であるということです。仏像という形あるものに囚われることなく、真実の教えを聞くことが大切なのであって、それはまた、一心帰命ふたごころなく称名念仏することです。

人のわろき事は、能《よ》く能くみゆるなり。
わがみのわろき事は、おぼえざるものなり。

……………『蓮如上人御一代記聞書』……………

人間の目や耳は、外界のものを見たり聞いたりして認識するためにあります。だから、他人の悪い癖などはよくわかり、また気にかかります。しかし、自分のことになるとなかなか事実を受け止められないのではないでしょうか。

たとえば、顔に墨が付いていて注意されるとお礼が言えると思います。ところが、自分の心の中まで入ってこられて「あんたの根性は汚い、だから嫌われるのだ」と言われても、お礼は言えないのではないでしょうか。たとえ本当であったとしても「ほっといてくれ」と腹を立てるかもしれないでしょう。

蓮如上人は、自分が本当に悪いと知ったならば、生活の中で自分の身に付いたものとして、心中改めるべきであると言われるのです。その場合、謙虚に他人のいうことを信用すべきであると言われるのです。それはちょうど、顔を鏡で見るように、教えを鏡にして心中を見るようなものです。

そうは言うものの、なかなか自分の悪いことは気づかないものです。いや、むしろ気づこうともしないわたしが居るのかもしれません。

道徳《どうとく》はいくつになるぞ。
道徳、念仏もうさるべし。

……………『蓮如上人御一代記聞書』……………

これは京都の勧修寺村の道徳が、蓮如上人の元へ正月の挨拶に行ったとき、上人が言われた言葉です。正月になると、一つ年を取るというのが当時の考え方でした。ただ、これは単に年齢を尋ねたのではないはずです。また、正月を迎えて「あけましておめでとうございます」という世俗の挨拶でもありません。

そこには上人の深い意図があったのです。それは自力の念仏を翻《ひるがえ》して、他力の念仏を申すことを催促していたのです。われわれは、ついついわかったつもりで念仏を称え、年を重ねているのが現状でしょう。

上人は、阿弥陀如来を一心にたのむ一念の起こるとき、ただちに仏のお助けにあずかると言われるのです。それは臨終までの一念の念仏が大事であるという意味です。もちろん他力とは、如来のはたらきにより自力の心を翻す他の力ということです。

心新たに念仏申す身にさせていただく、そして信心を確かめさせていただくことが、正月を迎える上人のご挨拶であったのでした。

蟪蛄《けいこ》春秋を識《し》らず、
伊虫《いちゅう》あに朱陽《しゅよう》の節《せつ》を知らんや

曇鸞大師『浄土論註』

荘子は、夏ゼミのつくつくぼうし（蟪蛄）は、春や秋を知らないといいます。曇鸞大師はさらに、その虫（伊虫）は、夏（朱陽）の季節をも知らないというのです。荘子の見解は常識的によくわかります。しかし、曇鸞大師の見解は大変思慮深いものを感じます。

夏ゼミは、幼虫の間土の中で木の根から栄養をとり成長しています。それは数年間といわれます。成虫になって一週間ほど、いのち一杯鳴き続けるわけです。短いいのちではありますが、いわば夏の主役といってよいでしょう。

夏ゼミが、春や秋を知らないことはよくわかります。しかし曇鸞大師は、春や秋を知らないことは夏も知らないというのです。春夏秋冬の四季の特徴は、それぞれすべて経験してわかることだからです。

たとえば、自力他力と分別していることも同じです。他力他力といっているところでは、他力はわからないのです。他力そのものは、じつは自力の世界に触れて、はじめて理解できるのです。自力無効の他力がわかるのです。

忘れたんではありません。
思い出せないのです。

この言葉は曾我量深先生の言葉です。先生の講義は思索的であり感応的でもありました。当時、学部生であったわたしには、先生のお話は難しい印象しかありません。講義中、突然長い沈黙に入られることがありました。聞いているわたしの胸が詰まりました。

先輩から聞いた話では、長い沈黙のあと「忘れたんではありません。思い出せないのです」と言われたことがあるそうです。わたしたちは、忘れたのか思い出せないのか曖昧です。先生は、唯識を学んでおられたので厳密でした。忘れることと思い出せないこととは違うのです。

わたしたちの知識は、言葉となって意識の中で概念化し、その意識のもう一つ奥のアラヤ識（本性）の中に記憶として蓄積されます。もともと空っぽであれば、思い出しようもありません。ところが、表面的意識の中では思い出せなくても、深層意識の本性の中にはちゃんと保管されているのです。そうした点よりすれば、たとえ思い出せなくても、忘れたのではないと言えるのです。

憲法九条は、世界に誇れる
日本文化の宝です。

住井すゑ

政治の世界はわかりにくいものです。それは現実の課題が常に変化しているからです。ときには憲法問題が論議され、ときには年金・ガソリン税が問題になり、ときには東北関東の地震津波災害からの復興復旧が問題になり、また福島の原発事故により脱原発が問題になっています。そんな中で、憲法問題はだんだん影を潜めてきました。

少なくとも日本は、憲法九条のお陰で、敗戦後六十年余り、武力によって無差別に外国人を殺すことはありませんでした。九条を固持している日本の憲法は、世界で注目されています。今日の世界情勢では、平和の大切さはわかっていても、九条のような憲法は作れないからです。

そんなすてきな日本の宝が、憲法九条です。世界の恒久的平和を求めるメッセージを発信できるのは、日本だけです。今後、日本で九条が話題になるときは、改正ではなく改悪であると思ってよいでしょう。多くの日本人は、九条は守るべきであると思っています。本当に戦争殺戮《さつりく》をしたい人がいるでしょうか。わたしはいないと信じます。

某《それがし》　親鸞閉眼せば、
賀茂河にいれて魚《うお》にあたうべし

『改邪鈔』

なぜ親鸞聖人は、自分が死んだら加茂川へ捨てて魚に与えてくれと言われたのでしょうか。

二点考えられます。一点目は、親鸞聖人が幼少の頃、加茂川は死人が多く放置されていた所であったからです。鴨長明の『方丈記』（養和の飢饉）によれば、京の町はたびたび飢饉や災害に見舞われたと言います。

仁和寺の隆暁法印が、死人の額に阿字《あじ》（梵語の第一字母）を書いて供養したら、一一八二年（養和二）四・五両月、市街だけで四万二千三百人余りあったと言います。聖人は幼少の頃の思いが頭から離れず、自らもそうした人々と生死を共にしたいと思われたのではないでしょうか。

二点目は、親鸞聖人は肉体の死をあまり重く見ていなかったからです。親鸞聖人晩年の頃、無常講などの集まりでは、人の没後の葬礼などの手助けが一番大切であるという風潮がありました。それに対して親鸞聖人は、葬儀より往生の信心の沙汰が大切であるということを強調するために、「加茂川に捨ててくれ」と言われたのではないかと思います。

世のなか安穏《あんのん》なれ、仏法ひろまれ

……………『親鸞聖人御消息集』……………

この言葉は、西本願寺の親鸞聖人七五〇回大遠忌法要のテーマにもなっています。仏教は心の慰めと思っている人もいるかもしれません。また、信仰の世界は個人的なことと思っている人もいるかもしれません。

しかし、親鸞聖人はそうではありません。自身の九十年の生涯は、激動の人生であったといってよいでしょう。幼くして両親と別れ、九歳で出家を余儀なくされました。二十年におよぶ比叡での苦しい修行の末、やっと師法然上人に出会ったのです。それも束の間、三十五歳のとき、承元の法難により国の罪人となり、越後に流罪になりました。その後常陸におもむき、名もなき人々と共に念仏の教えを聞き、宣布されます。そして、京へ還って九十歳で往生の素懐を遂げられたのです。

そんな親鸞聖人であるからこそ、世のなか安穏なれと願わずにはおれなかったと思うのです。そして、念仏停止の弾圧を受けた親鸞聖人は、仏法ひろまれと願わずにはおれなかったのではないでしょうか。危機迫る現代社会にぜひ届けたい言葉です。

香味の食を得ば、当に願うべき衆生、
節を知り欲少なくして、情に着する
こと無けんと。

『華厳経』

食の問題は重要です。生き物は食べなければ生きていけません。人間も例外ではありません。ところが、現在、世界六十数億人のうち、およそ七億人以上の人が飢えに苦しんでいます。一方、飽食の中で贅沢を極めている人も九億人以上います。

今日の日本社会は、グルメといわれています。金さえ出せば世界のあらゆるおいしい食べ物が手に入る日本です。人々は贅沢を極め、特に珍味で美味しいものが目の前にあると、自分の健康のことも忘れて食べ過ぎてしまうこともあるでしょう。しかし、わたしたちが口にするものは、元いのちあったものであることを忘れてはならないでしょう。

『華厳経』では、香味のある食事をいただくときは、節制することを知りなさい。そして欲を少なくしなさい。ただ感情にまかせて食べ過ぎてはならないと説いています。

もうぼつぼつ、地球の人として生きるわれわれは、資源は有限であるという自覚を持ち、「勿体ない」「いただきます」の心で食事をしたいものです。

仏法のかたに、施入物《せにゅうもつ》の多少にしたがいて、大小仏になるべしということ。

この条、不可説なり

『歎異抄』

親鸞聖人在世の当時、施入物の多少によって、仏の位が異なっていたのでしょう。親鸞聖人は、それはまったく見当違いであると言われるのです。もし、そういう宗教があったらまやかし物と言ってよいでしょう。

そもそも布施とは、インドの言葉で「ダーナ」と言います。漢字で書くと「檀那」です。ダーナとは、自分にあって、他の人にないものがあったら、分かち合うことです。ダーナには財施《ざいせ》、法施《ほうせ》、無畏施《むいせ》の三施《さんせ》があります。財産のある人はない人に分け与える。真理を体得した人は、まだ得ていない人に伝える。また、不安を抱いている人がいれば、安心を与えて恐れをなくすことです。

そして、さらに大切なことは、布施は、与えた人もいただいた人もすべて清浄でなければならないのです。布施をした、されたという執着を棄てることが大切です。そして、布施の多少によって、仏のご利益に差があると言う人がいますが、それはとんでもない間違いと言ってよいでしょう。

たとい、法然聖人にすかされまいらせて、念仏して地獄におちたりとも、さらに後悔すべからずそうろう。

『歎異抄』

一体、人間の信頼関係は、どこまで可能なのでしょうか。人々は、自分の勝手都合によって裏切ったり、また裏切られたりして悩み苦しんでいるのが現状であると思います。長い間培ってきた信頼関係も、一度の裏切り行為で崩れ落ちるのが常です。

それなのに親鸞聖人は、たとえ法然上人にだまされて、念仏して地獄へおちても後悔しないと言い切っておられます。分別や損得を超えた絶対的信頼関係であると言ってよいでしょう。

地獄へはおちたくないのがわれわれです。念仏してお浄土へ参ることができるなら、話はわかります。幸福はこちらへ、不幸は向こうへというのがわれわれの根性と言ってよいでしょう。

法然上人と親鸞聖人には四十年の年の差があります。親子以上に離れた二人を結びつけたものは何か。興味がわくところです。少なくとも、本願念仏の教えは、老若男女を超えて、人と人とが互いに出会える世界を願い続けていると言ってよいでしょう。

弥陀の本願には老少善悪のひとをえらばれず。ただ信心を要《よう》とすとしるべし。

『歎異抄』

阿弥陀如来の本願は、老若男女、善人悪人、すべての人を救うと言います。そして、誰も捨てないと言われるのです。

これは人間の世界ではあり得ないことです。国家、民族、人種、男女、老若、善人悪人も救われるとしたら、社会は混乱するかもしれません。

親鸞聖人は、阿弥陀如来はわたしたちに一切の条件を付けていないと言われます。ただ信心を要とすると言われるのです。この場合の信心とは、如来の救いを信じることです。それは、救われるか救われないかわからないけれども、とりあえず念仏申すということではありません。必ず救われることをどこまでも信じるのです。さらに言えば、すでに救われてあることを信じるのです。

また、救われるということは、問題が消えてなくなるというのではなく、どこまでも問題を引き受けていく課題に樹《た》つということです。樹木が大地に根を張って支えられて立っているように、われわれのいのちそのものも阿弥陀如来が支えていてくださるのです。

困ると困らざるとは彼の事にあらず
我の事なり。

清沢満之

わたしたちが困ったりする場合、問題点はたいてい他人にあると考えることから始まります。たとえば、親は子どもの学業の成績がよくないといっては悩み、あるいは年頃の子を抱えていれば、この子さえ結婚してくれたらと悩みます。困ったことの原因は子どものことと思っているのが親のあり方です。

じつはこれらの困惑は、すべて他人のことのようですが、困っているのは自分の都合によっています。清沢満之先生は、困る困らないの判断はすべて自分にあると指摘しています。悲惨な戦争、地球の温暖化、教育の荒廃、老人問題などの社会問題のどれ一つを取っても、他人事であれば困らないし、痛みも感じないかもしれません。とても人類全体の課題としては受け止められないのです。

原発事故の問題でも、それがわが身に降りかかって初めて困るのです。清沢先生は、困る主体は、どこまでも自分を取り巻く環境、自分の都合によっていることを教えてくださっているのです。

貧富は充足を知ると知らざるとによる。

清沢満之

豊かさとは何か。貧しさとは何か。それは物質的なことと精神的なことの両方があると考えられます。

少なくとも近年の日本社会は、物質的豊かさを求めてきました。経済至上主義といってよいでしょう。しかし、現代人は本当に幸せを感じているのでしょうか。戦前の日本人の生活から見れば、まるで夢のような生活でしょう。しかしその豊かさを実感できない人が多い。さらなる贅沢を求め奔走しているのが現代人です。

そんな日本人の求めてきた経済至上主義は、多くの問題を生み出してきました。それは福島原発事故で顕《あら》わになったと思われます。科学の限界性、幸せを求めながら、放射能汚染というリスクを負ってしまったのです。

人間は、ものがないから悩むといえば簡単です。しかし、そうではなく、あってもなくても悩み憂うというのです。清沢満之先生は、貧富の異なりは、ものの充足を知るか知らないかによると言うのです。

善人でさえ浄土に往生できるのだから、
悪人はもちろんのことだ。

……………『歎異抄』（筆者意訳）……………

一般的には、悪人が救われるなら善人はなおさら救われて当然であると言われます。ところが、親鸞聖人はわれわれの常識を覆《くつがえ》して、悪人ならなおさらであると言うのです。どうしてそう言えるのでしょうか。

じつはここでいう善人悪人は、倫理道徳的な意味とは異なっています。誰からも後ろ指を指されず、自分は完璧に生きているという人が善人です。逆に他人を恨み妬み憎む心を起こし、罪深い人間であると悩んでいる人を悪人というのです。

親鸞聖人は、生きていること自体が常に罪を作っているという自覚に立っています。ところが、わたしたちにはそうした自覚は皆無です。わたしたちの口に入れる食べ物は元いのちあったものです。そのいのちを奪っているという自覚を、何人の人が持っているでしょうか。だから、自分の力を当てにして仏になろうという人を善人と言っているのです。そういう善人は、本願他力の心に背いている人です。聖人は、如来の救いは、衆生の罪が深ければ深いほど大きくなり、確かなものになると言うのです。

親鸞は父母《ぶも》の孝養《きょうよう》のためには、
一返《いっぺん》たりとも念仏申したことはない

……………『歎異抄』（筆者意訳）……………

親鸞聖人は、父母の追善供養のために、一度も念仏したことはないと言われます。聖人の教義からすれば、念仏は加持祈禱ではないから、念仏によって人を幸福にしたり、地獄におちた人をすくい上げるというようなことがないのは当然です。

ただわたし自身、娘に先立たれたとき、いつも娘のことを思いながら念仏していました。もちろん追善供養の気持ちはありませんでしたが、若くして亡くなった娘のことを思い出しながらの、悲しみの念仏でした。

親鸞聖人の生涯をたどってみれば、幼いときに父母と別れ、悲しみの中での比叡山の修行であったと思います。父母の菩提を弔うことは自然の心ではなかったでしょうか。しかし、法然上人に出会って以後、自力を棄てた聖人は、きっぱり追善供養の念仏を断ち切るのです。その理由は、生きとし生けるものは、長い間には、一度は父母兄弟のような間柄になったことがあるかもしれないからです。すべてが御同朋御同行《おんどうぼうおんどうぎょう》です。親鸞聖人は、ことさら自分の父、母だけの念仏をすべきでないと言われるのです。

念仏は無碍《むげ》の一道なり。

……………『歎異抄』（筆者意訳）……………

親鸞聖人は、念仏を称えることは何ものにも障《さまた》げられない真実の一道である、と言われます。

親鸞聖人は、あれやこれやと信じてはいけないというより、念仏一つで十分であるという確信に生きた人です。そして、念仏は、仏教の行者の障げとなる悪魔と、仏教以外の道理にはずれた教えを信じている人にも、まったく障《さわ》りとならないというのです。さらにいえば、人間の煩悩そのものもまったく障りにならないといいます。それはまた、時代社会、国家民族、すべてを超えていく世界でもあります。

また、一道ということは、迷わないということです。それは道が一つしかないということではなく、道はたくさんある。しかし、歩くのは一つということです。一つあれば十分です。あれやこれや迷うのではなく、「この道をわたしは行く」という決断を意味しているのです。人間は、二つ以上のものや事柄があると、その選びにおいて迷います。迷っている事実を知るということは、如来のはたらきによって成り立つのです。

信不信、ともに、ただ、物をいえ

……………『蓮如上人御一代記聞書』……………

蓮如上人は、聞いた仏法を語り合うことを勧められました。とにかく語りなさい。物を言わない人は、自分を表面に出さないのでよろしくないと言われるのです。あまり軽々しく話すのもよくないですが、とにかく自分の思いを語りなさいと言われるのです。本当の自分を知る意味において、語ることは、今日のカウンセリングと言ってよいかもしれません。

信心の問題も、信じられること、信じられないことのどちらも語ることが大切です。わかったことは言うが、わからないことには触れないというのではなく、どちらも話せと言われるのです。疑いは閉じてしまうのではなく、疑いとして明らかにするのです。

自分が語ることによって初めて、自分自身の心の奥が知らされます。また意見を言えば、他人から間違いを指摘されることもあるでしょう。人間は、とかく他人から意見されるのはいやです。だから黙ってしまいがちです。上人は、自分の聞いた信心は、とにかくさらけ出して、信不信を問い、確認しなさいと言われるのです。

兵《ひょう》戈《が》無《む》用《よう》

『大無量寿経』

一隻千四百億円するイージス艦。自衛隊は六隻所有しています。高性能レーダーを搭載し、敵のミサイルを探知して迎撃できるというのです。以前そのイージス艦と漁船が衝突した事故がありました。二人の漁師が不明となったのです。国民のいのちを守るべき艦船が、国民のいのちを奪ってしまった事故でした。そんな中、本当に世界平和のために軍備は必要なのかという、疑問の声が上がりました。改めて国のあり方が問われます。

お釈迦さまは、兵戈無用と言われ、一切の軍備を放棄して平和を願いました。非武装平和です。

ただ、今日の日本人の中には武器を保有して平和を願う人もいるかもしれません。抑止力として武器を保有しようとするものです。平和のためといって、何兆円という税金で武器を購入しているのです。軍備を持たないと不安なのでしょう。今、国民の税金を軍備に使わず、世界平和のために使うことを一人ひとりが考えるべきではないでしょうか。武装による平和は恒久的ではないと思うからです。

ただいまなりとも、我、しねといわば、
しぬる者は有るべく候う、信をとる者
はあるまじき

………『蓮如上人御一代記聞書』………

他人のために死ねるかといったら、そうはいかないのではないでしょうか。たとえ主君のためとはいえ、死にたくないのが人間の本音だと思います。しかし、時代によっては、殿のため、天皇のため、国のため、また、信仰のためといって死を選ぶ人もいたのも事実です。

蓮如上人は、今日ただ今、死を覚悟する人はいる。しかし、信を得る人はいないと言われるのです。死ぬことよりも難儀なことが、信心を得ることです。極論をいえば、生まれてきた以上は必ず死ぬのがいのちの定めです。だから、死が誰にでも訪れるものであることは、頭ではみんな理解できているはずです。ところが、信心はそうはいかないのです。

人はよく「死ぬ気になればたいがいのことはできる」と軽々しく言います。しかし、死ぬ気にならずして何ができるのでしょうか。じつはわたしたちの一呼吸一呼吸には、いのちが係《かか》っているのです。死ぬことを観念的に考えるよりも、今生きている身の事実が大事なのです。上人は、それが信心を得ることであると言われるのです。

わかきとき、
仏法はたしなめ

……………『蓮如上人御一代記聞書』……………

仏法は年を取ってから聞けばよいと思っている人もいるかもしれません。しかし、そうではないのです。仏教は決して分別的に聞いて覚えるものではありませんが、それなりの体力もいるのです。

蓮如上人は、仏法は若いときに聞けと言われます。年を取れば、手足もおぼつかなくなり、目も見えにくくなり、耳も聞きづらくなり、そして何よりも法話中眠たくなるからです。だから身心共々元気なうちに聞くことが大切であると言われるのです。

若いとき仏法を聞かなかった人が、年を取ったからといって必ず仏法を聞くようになるという保証は、一つもありません。ある定年退職されたご門徒は、仏法聴聞が大事なことは十分承知している。けれども、忙しくてお寺参りもできない、と言い訳されます。

上人は、生活がどれだけ多忙であっても、大切にしなければならないことが仏法をたしなむことである。そして、若いときから聴聞のくせをつけることが大事であると言われるのです。若い頃聞いた話は、不思議に心のどこかに残っているものです。

生きるということは、　生きることに
苦悩するということ。

藤元正樹

お釈迦さまは、四苦八苦《しくはっく》の教えを説かれました。生老病死の四苦は、誰もが逃れることのできない苦悩です。なぜ生まれ生きなければならないのか、なぜ年を取り老いるのか、なぜ健康でいたいのに病気になるのか、なぜ死ななければならないのか。それは人間のいのちそのものの存在的苦悩を意味すると言ってよいでしょう。

よく「人間、生きていれば苦も楽もある」と、苦楽を二分して納得することもあります。しかし、そうではなく、人間のいのちそのものが苦悩の中に存在しているのです。

また、愛別離苦《あいべつりく》、怨憎会苦《おんぞうえく》、求不得苦《ぐふとっく》、五蘊盛苦《ごうんじょうく》を加えて八苦とも言います。これは極めて生活的苦悩です。愛する人と別れなければならない。反対に、どんなに憎しみ合う人とも縁があれば一緒に暮らしていかなければならない。欲しいものがすべて得られるとは限らない。そして、その人間の身心両面の欲望による苦しみを八苦というのです。だから、藤元正樹先生は、本当に生きるということは、生きることに苦悩する自覚を持つことであると言われるのです。

仏法者になれ近付きて、
損は一つもなし。

…………『蓮如上人御一代記聞書』…………

以前、ご門徒の法事のお斎《とき》の席で、お同行《どうぎょう》の人たちが席順を決めるのにもめていました。「わたしはまだ住職のそばは早すぎる」と言って、なかなかわたしのそばへ来る人がいませんでした。どうも住職のそばへ来ることは死ぬ順番が近付いたように思われるのか、これが情けないですが現実です。

ところが蓮如上人は「仏法者には慣れ親しんで、どんどん近付きなさい。損することは一つもない」と言われるのです。また、「どのようなおかしい世界、狂言の世界であろうが、ぜひ近付き、なおかつ心の奥底に仏法をたしなんで欲しい」とも言われます。これはどのような世界であろうが、そこには必ず仏縁仏徳が多くあるということです。

大乗経典の多くでは、善知識には親しみ近付き、悪知識には遠く離れよと説かれます。もちろん上人は、単なるソロバン勘定で損得を言われるのではありません。われわれの生きているこの娑婆《しゃば》世界は遠慮もいるであろうが、仏法の世界に遠慮はいらないということを仰りたいのです。

煩悩の氷解けて功徳《くどく》の水と成る

『教行信証』

水と氷と水蒸気は、まったく同質といってよいでしょう。水が零度以下になると氷になり、摂氏一〇〇度以上になると水蒸気になることは、何人も知ることでしょう。

親鸞聖人は、煩悩を氷に、功徳を水に喩えています。普通われわれは、煩悩を断じて涅槃を得ると考えるかもしれません。煩悩と功徳を異質なものとして捉えるからです。ところが聖人は、煩悩そのものが功徳の根源であり、煩悩具足の身の自覚がそのまま浄土往生の道であると言われるのです。

迷ったことのない者が悟りを開けるはずはないのです。道に迷っても、迷っていたと知ったらもう迷いではありません。われわれは迷っていることすらわからないほどの暗闇の中に生きています。だから、どこまでも凡夫と仏とは一体です。今日から凡夫を止《や》めて明日から仏になるというようなものではありません。むしろかぎりなく凡夫のまま迷っている自身を知らされるのです。それを聖人は「煩悩の氷解けて功徳の水と成る」と言われるのです。

生きるにも死ぬにも
やさしさが要るのです。

祖父江文宏

祖《そ》父《ぶ》江《え》文宏《ふみひろ》さんは、養護施設・暁学園の園長をしていました。小さな人たちからは「園《えん》長助《ちょうすけ》」と呼ばれていたのです。彼はそう呼ばれることを喜んでいました。

そんな彼は、肺気腫の病に襲われながら、死ぬ瞬間まで常に小さな人たちの幸せを願い続けていました。

当時わたしの娘が不登校をしていたのですが、彼は自宅のベッドの中から心配して、電話してくれました。わが身の身体を愛《いと》おしみながら、関わりのある人々のことを気にかけていたのです。それが彼の優しさでした。

児童虐待防止ネットワークを立ち上げた彼は、言葉による暴力、仕付けと称した体罰など、常にいかなる暴力も否定し続けていました。いつも小さな人たちに寄り添って「心配しなくたっていいよ。しっかりおやりよ。大丈夫だよ」と声をかけ続けていました。彼は自分の死に臨む覚悟を決め、体力の衰える中で、それでも常に小さな人たちとともに、仏さまの愛と優しさの中に生かされてある喜びを教えてくれました。

仏法には、世間のひまを
闕《か》きてきくべし。

……………『蓮如上人御一代記聞書』……………

昔、ご門徒の家にお参りに行くと、老人たちはよく「ひまを闕いて、ようこそ」と言って迎えてくださいました。今は「お忙しい中、ようこそ」という人が多いようです。今日のわたしたちの生活は、「忙しい、忙しい」と言って大切なものを忘れて流されてしまってはいないでしょうか。情報化社会といわれる現代、わたしたちは溢れる情報に振り回され、ときには忙しさの中に自分を見失ってしまっています。

けれども、蓮如上人は、世間の用事を差し置いてでも仏法聴聞しなさいと言われるのです。仏法には明日ということはないのです。今の今、ひまを闕いて聴聞することが大切であると言われるのです。

いつもお寺にお参りしている老女が、お寺の法座が終わると、自分の家と反対にある嫁いだ娘の畑にやってきて、「なぜお寺へ参らない」と叱りつけました。娘さんは「忙しいから」と言い訳していました。老女にとって、聞法は、「いのちある間にちょっと聴こうか」というのではないのです。「仏法を聞くために与えられてあるいのちであること」を娘に伝えたかったのです。

如来を離れて死ということもなく、
生ということもないのである。

曾我量深

人間は、いのちを自分のものと思っています。それが一般的常識と言ってよいかもしれません。しかし、曾我量深先生は、如来よりいただいたいのちに立っておられます。

いのちそのものは、われわれの分別を超えて存在しているのです。だから、「いのちは誰のものか」と問えば、「わたしのものでありながら、わたしの思い通りにならないいのちである」と答えざるを得ないでしょう。

その理由は、簡単です。わたしのいのちの長短、また、死すべきいのちは、自分ではどうすることもできないからです。わたしたちは、生死一如の道理から外れることはできないのです。それを曾我先生は、「如来を離れて生きることも死ぬこともできない」と言われるのです。それは生まれた以上は必ず死ぬという厳然とした事実に立つことです。もちろん、それは単なる肉体的寿命だけをいうのではないのです。わたしたちの生活の中で受け止めていく生と死です。わたしたちの身心共なるいのちは、すべて如来に任せるということから始まるのです。

不出来のままに　できあがってゆく
ので　人生は面白い。

浅田正作

この世に完璧な人はいるでしょうか。いないと思います。しかし、自分は完璧であると思い込んでいる人はいるでしょう。とかく人間は他人に厳しく自分に甘いものです。

浅田正作《あさだしょうさく》さんは、人間そのものは本来不出来な存在であると言われます。その不出来が駄目というのではなく、むしろ最初から出来上がったものはないのです。不出来のまま出来上がっていくのです。

学生の論文を指導していて、いつも思うのですが、最初から完成した論文を書く学生は皆無です。まったく不出来な論文から、一年かけて、やっと論文らしくなるのです。それは悩みながら、苦しみながら、そして挫折しそうになりながら書き上げた論文です。しかし、出来上がってみれば、最初の不出来のはずの論文の課題がそのまま生きているのです。そして学生の論文は世界でたった一つのオリジナルなものです。彼らが社会に出ても、その課題はまたどこかで生きてくると、わたしは信じています。

不出来のまま出来上がっていくのです。人生は本当に面白いものです。

民主主義とは別の言葉でいったら
無責任体制ということである。

藤元正樹

かつて、『日本人とユダヤ人』を世に出した山本七平さんが、ユダヤ教では「全員一致は否決である」と述べていました。

民主主義の論理は、多数決主義、みんなの意見の尊重です。それはそれで大切なことですが、多数決の真理というところには、一人ひとりの人格の独立性はないとも言えます。そういう意味で言えば、民主主義体制は、最も反宗教的な体制といってよいでしょう。それは一人ひとりの独立を主張する批判精神を失ってしまうからです。

わたしたちは、社会組織の中に身を置いています。だから体制批判をすれば、必ず組織の権力は、批判者を排除しようとします。すると周りの人々は、大政翼賛的に無責任体制に走ります。そこでは、宗教的真理と対峙しなければならないのです。

宗教的人間とは、具体的にいえば、責任を持つことです。批判を恐れないということです。もとより、わたしはそんな生き方を望むものですが、藤元正樹先生は、間違っても、決して民主主義体制の中に潜んでいる、無責任な評論家になってはならないと言われるのです。

如来は平等にして怨親《おんしん》有ること無し。

『華厳経』

人間の思いは、戦争と平和、差別と平等、その両極に存在するものでしょうか。戦争の悲惨さを知りつつ、戦争をしてしまう。人間の世界に本当に平等・平和は実現できるのでしょうか。

誰だって平和を望んでいるにもかかわらず、国家は抑止という言葉で軍隊を拡大しているのが現状です。兵器は持てば持つほど、また不安は募るものです。武器があるから安心できるとは限りません。

たとえば、一本のメスも医者が手術で使えば人の命を救うものとなり、人を殺せば凶器になります。最初から殺人のために作られた兵器は凶器となります。

しかし、『華厳経』は、如来はどこまでも平等平和を願い、人間のように都合や立場によって変わるような怨親の心は一切ないというのです。人間が敵味方と分けるのは都合に過ぎません。国と国は、昨日の友は今日の敵になる場合だってあるのです。ただ絶対的平等を願っているのは如来のみです。

法を聞くことを得るがゆえに、
顔色和悦《げんしきわえつ》なり。

……『観無量寿経』……

ビンバサラ王は、息子のアジャセを殺そうと企てました。そのことを知ったアジャセは、七重に囲った牢獄に父王を閉じこめてしまいます。その殺される直前の父王の状態を表現したものが、この言葉です。肉体的には瀕死の状態でしたが、お釈迦さまの教えを聞いて心は満たされ、顔色は悦びに満ち満ちていたのです。

よく仏法を聞いて暗い顔をしている人がいます。それは聞き方が間違っているのです。人生の苦を一手に引き受けたような顔をして、仏法にすがっている人の顔は暗いのです。それは自分の都合によって聞いているからです。計算して聞いているから、いくら仏法を聞いても聞こえてこないのです。

もちろん、仏法を聞いて必ず踊躍歓喜《ゆやくかんぎ》の心が起きるとは限らないでしょう。ただ、仏法を聞くということは、現実のありのままの自己を引き受けることです。どのようになってもよろしいという決断です。さらに言えば、仏がすべてを引き受けてくださるといった方がよいかもしれません。そして安心して苦悩の中に生きるということです。それが「顔色和悦」ということです。

ただ仏恩《ぶっとん》の深きことを念じて、
人倫《じんりん》の嘲《あざけり》を恥じず。

『教行信証』

世間の処世術としては、見ざる、言わざる、聞かざる、という生き方もあるかもしれません。しかし、親鸞聖人はそうではないのです。単に文句を言ったり批判してはいません。どこまでも仏恩の深重なることを念じる生き方を貫いておられます。

ある念仏の同行者《どうぎょうしゃ》のひとりが、老人会主催の伊勢神宮参拝を断ったそうです。理由は、自分は仏教徒であり、念仏の信に立っているので神社には参らないということでした。その人は、仲間の人たちから、変わり者の烙印を押されたそうです。しかし、そのお同行は得度《とくど》して僧侶になり、現在も信念を貫いて聞法一筋の生活をしておられます。

親鸞聖人は、人々の嘲りや弄言《ろうげん》を受けたとしても、決して恥ではないと言われます。むしろ仏法に背き、時代社会の分別に流されることこそ恥であると言われるのです。

よくよく案じてみれば、仏法聴聞は世間体を超えています。それに対して人間の分別は、好嫌善悪に物事を分けて差別するものです。仏の恩とは、そうした分別や常識を超え、倫理道徳的に執らわれている人々を解放するものなのです。わたしもそのお同行とともに聞法させていただいています。

念仏は自我の破れる音である

大河内了悟

「念仏は自我の破れる音である」とは、何と強烈な言葉でしょうか。驚きとしか言いようがありません。

もともと、ぬくぬくと何不自由なく生活している人には、念仏に出遇った感動は得られないかもしれません。じつは、どれだけ欲望のままに生き、豊かな生活をしていても、超えられないのが虚しさというものです。人は、この虚しさとしっかり向き合うべきなのに、現実には忙しさの中で、その事実を知ろうとしないと言ってもよいでしょう。ともすれば、人々は事実を事実として受け止めようとせず、念仏を何かを叶《かな》えてくれるような、ない物ねだりの手段としてしまってはいないでしょうか。また、現実の苦しみから逃れるために念仏を称えてはいないでしょうか。

大河内了悟《おおこうちりょうご》先生は、念仏のはたらきは、どこまでも自我の執らわれの中で念仏しているわれわれに、大音声となって「目を覚ませ」と呼びかけてくることであると言われます。念仏は、自我の執着から目覚め、自我を打ち破るものであり、感動であるとも言われるのです。

ほんとうにいい人ね。
いい人はいいね。

川端康成

世知辛い世の中です。親の育児放棄でいのちを奪われる子。検察のねつ造により罪を被らされる人。介護に疲れ殺人、または自死する人。経済成長と自然破壊のつけが、人間社会に蔓延《まんえん》していると言ってよいでしょう。

そんな中、小説『伊豆の踊子』の一場面で、旅で知り合った主人公のことを「いい人ね」「それはそう、いい人らしい」「ほんとうにいい人ね。いい人はいいね」という、踊り子の言葉が思い出されます。本当に心休まるいい人。その人に会っているだけでほっとする人。そんな人になかなか巡り会えない今日この頃です。

かつて、評論家の犬養道子さんが、国際社会で通用する三つの言葉を紹介していました。「ありがとう、ごめんなさい、プリーズ」だそうです。「ありがとう」と言われ、また言える人間関係には潤《うるお》いがあります。「ごめんなさい」という言葉も、本当に自分に素直にならないと言えないでしょう。「プリーズ」も心に余裕がなければ出てきません。そんな言葉が使われるいい人に会いたい。またいい人になれたらと思います。

時というものはあるんじゃない、
つかむものなんだ。

安田理深

時はわたしたちに平等に与えられています。そうした時というものをどのように活かすかは、個人によって異なると思われます。

過去・未来・現在の三世に渡《わた》って続く時は、また唯一・一回性の時でもあります。その時をチャンスとして活かすかどうかは大事なことです。よく「時は金なり」とも言われるように、時間はまた金銭と同様の貴重なものだから、無駄にしてはならないと言われてきました。時を自分のものにするタイミングを失ってはならないわけです。たとえば、まだ湿った木を集めて、それによって火を得ようとしても、それは無駄な努力に終わってしまいます。それはいまだ火を得るだけ乾《かわ》ききっていないからです。

安田理深先生は、時は単に与えられているというものではなく、つかむものと言われます。ただ漠然と、空しく時を過ごすのではなく、一瞬一瞬の時が大切であると言われるのです。過去も未来もすべて思いであり、生きているのは今のこの時です。その時をつかむことは、積極的な事柄《ことがら》なのです。

法事を勤めないと罰が当たりますか。
当たりません。それより法事を勤め
られることが有り難いのです。

釈薫誠

最近、法事は何回会《え》まで勤めるのですか。また、もし法事を勤めないと罰が当たりますかと尋ねられることが多々あります。

じつはそんなことより、法事をなぜ勤めるのか、その意味を知ることが大事なのです。それには二つあります。一つは亡き人を偲《しの》びつつ、もう一つは今、現にこうしていのちをいただいていることを確かめることです。

子どものいない人はいても、親のいない人は一人もいないはずです。いのちは必ず親を初めとして多くの人々から綿々《めんめん》と繋《つな》がっています。そして、今生きていること自体、多くの人のお陰によっているのです。いのちを生かされていることに気づく大切な時を、亡き人からいただいているのです。

だから、法事を勤めないと罰が当たるかどうかを心配するよりも、じつは法事を勤めること自体が、尊い、有り難い、喜びなのです。それは家族一人ひとりの、いのちの出会いを確かめる場であるからです。

衆生病む故に我病むなり

『維摩経』

維摩さんは、在家信者です。お釈迦さまと大変親交の深かった人です。それと同時に、大乗菩薩道の精神を弘布した仏教者といってよいでしょう。

もとより、病に二通りあります。精神的病と身体的病です。もちろん、これらは別々に存在するものではないことは、いうまでもありません。

ともすれば、現代社会には「自分さえよければ良い」という、極めて個人主義的な人が増えていると言ってもいいかと思います。まず自分の健康が第一です。他人が不治の病に冒《おか》されたとしても、同情哀れみは感じこそすれ、自分でなくてよかったと思うのが人間の本性かもしれません。

ところが、維摩さんは、人々の病を他人事として放っておけないというのです。まさしく仏の慈悲の精神に立って、人々が病めば自分も同じく病むというのです。維摩は「そばにいるあなたは一人でない」と病人に優しく語りかけます。「あなたの悲しみ、あなたの苦しみは、わたしの悲しみ苦しみである」と言うのです。

念仏する身が辛抱するに非ず、
相手の辛抱が見ゆるのである。

大河内了悟

わたしたちが念仏を称えるのは、どんな状況のときでしょうか。

一般的には商売繁盛、家内安全、無病息災、延命長寿を願って念仏する人が多いかもしれません。それは神頼みと同じ感覚です。あるいは、ときには自分の高ぶる心、怒り、苦しみを抑《おさ》えるため念仏することもあるかもしれません。堪え忍ぶ意味においては、仏教では心安らかに落ち着き、怒りの心を起こさない「忍辱《にんにく》」を説いています。ですから、それはそれで大事でしょう。

ある婦人が言われました。「嫁さんに一言いえば十言返ってくるので、わたしさえ我慢すれば家族は丸く収まると思い、何も言いません。嫁のクソタレが、なんまんだぶ」と。どうも念仏を辛抱する材料に考えているようです。

われわれはともすれば、自分の辛抱はよくわかるが、相手の辛抱は見えないのではないでしょうか。いつも自分が正しくて相手が悪い、しかしいろいろ関わるとややこしくなるから辛抱しようというのが、われわれの根性かもしれません。それを大河内了悟先生は念仏する身とは、相手の辛抱が見えることであると言われるのです。

苦しみがなくなることは、
その苦しみを生かしていくことができるということ。

蓬茨祖運

苦しいことは嫌で、楽しいことを望むのは、誰しもが思うことです。

仏教の教えでは、「抜苦与楽《ばっくよらく》」ということが説かれています。仏の慈悲からいえば、すべての人間の苦を抜き払い、楽を与えていくことです。そうした救済が菩薩の仕事であるとされています。

ところが、この苦しみがなくなるということは、まったく消えてしまうということではないのです。どこまでもその苦しみに立ちながら、仏に支えられて生きていくことができるのです。

お釈迦さまは、人間の根源的な苦を「生老病死」の四苦として示されました。誰もが避けて通れない苦しみです。人生そのものが苦であり、その苦こそが生きている証拠でもあります。かつて先人が「人間はいかなる苦しさ貧しさにも耐えられるが、虚しさには耐えられない」と言われました。苦しみを感じることと虚しさを感じることは違うのです。蓬《ほう》茨祖運《しそうん》先生は、苦を苦として受け止めるところにこそ、生きる意味が見いだされると言われるのです。

いまだ会心の作品はない

荒川豊蔵

芸術のこと、ことに陶芸の道の深さはわかりません。ただ、人間国宝の陶芸家荒川豊蔵《あらかわとよぞう》さんが、今までの作品の中で、会心の作品はひとつもないと言われるのは驚きです。その道を究めた人だから言えることでしょうか。

仏教では、凡夫と仏とは一体であると言います。つまり、限りなく凡夫に還っていくことが、仏道を歩むことであるというのです。凡夫に還るとは、凡夫であることを知らされるということです。今日から凡夫を止《や》めて明日から仏になるというようなものではありません。煩悩具足の凡夫のままを受け止めることが仏道であるというのです。

それは、これで良しという終わりがないことを意味します。どこまでも初心に帰り、出発点に立つということです。仏道の歩みは、到達点より出発点に重きが置かれます。完成された大家の作品も、それはそれで素晴らしいが、同時に「いまだ会心の作品はない」と歩み続ける人の生き方は重厚にして、興味を持たされ素晴らしいと思います。念仏者もそうありたいものです。

浄土にてかならずかならず
まちまいらせそうろうべし。

『末燈鈔』

死後の世界はあるかないか。これは実証できる問題ではありません。

お釈迦さまは無覆無記《むふくむき》といって、死後の世界があるかないかは一切語られませんでした。もとより、浄土は、ものではなく道理そのものです。親鸞聖人においては現生正定聚《げんしょうしょうじょうじゅ》に住して必ず滅度に至る本願の展開そのものとして了解されました。それは今現在浄土に生まれることは定まっており、未来は必ず成仏するということです。それを如来の本願のはたらきと言われるのです。だから、老いをむかえた親鸞聖人は、弟子の人に、先に「浄土にて必ず待っています」と言葉をかけて、無上涅槃の浄土を示唆していかれるのです。

死んだ人がお墓にいるかいないか、風になっているかどうか、などという問題ではないのです。亡き人のいのちのすべてを、残された人が受け入れていけるかどうかということです。浄土の世界が、唯一亡き人と出遇う場所です。「浄土で遇いましょう」「待っています」「待っていてください」と、必ず必ず出遇うことのできる世界が念仏の世界です。わたしも日常生活の中で、いつも亡き娘と、念仏申しながら出遇っています。

地獄を嫌う心が、
地獄を造っていたのです。

安田理深

地獄とは思い通りにならない世界です。それは親子、夫婦を始めとして、隣人、職場など、ありとあらゆる人間関係の中で造られています。そんな地獄は、誰も望んでいません。むしろ嫌っています。ところが、安田理深先生は、その地獄を嫌っている心が地獄を造っていると言われます。

親鸞聖人は「地獄一定《いちじょう》すみかぞかし」と、およそ地獄より行き場のない自身の生き方に気づかれました。じつは地獄の恐ろしさは、地獄にいることに気づかずにいることです。地獄からは、地獄は見えないのです。浄土の世界に触れて初めて地獄が見えてくるのです。

自分の顔は自分では見えません。鏡に面して初めて見えます。煩悩具足の凡夫の自覚は、鏡を見ることと同じように、念仏の教えに触れた人に見いだされるのです。夢は、夢から覚めて夢とわかるでしょう。地獄は「地獄一定」の自覚によって初めて見えてくるのです。地獄はどこかにあるのではなく、わたしの中にあるのです。

本願の知恵が、不安という形で人間に
きているんです。
不安が如来なんですわ。

安田理深

一九七九年（昭和五十四）京都で日蓮宗の茂田井教亨先生との対談があり、そのとき、安田理深先生は、「不安こそが如来の願心に目覚め生きる道である」と説示されました。

われわれはともすれば、安心決定《けつじょう》こそ仏教であると考えます。不安を絶つことこそ仏教の眼目であると考えてきました。しかし、あえて安田先生は、安心と不安の分水嶺に立てと言われるのです。それは現実の自身の生活の事実に立つことです。身の事実に立つということは、同時に不安に立つことです。ですから、不安に立つとは、いかなる状況に置かれようが、すべてを如来に任せるということです。

また、清沢満之先生の母タキさんの言葉を借りれば、「薄紙一重の信心がハッキリしない」という苦悩であり、不安です。その苦悩・不安に沈むのではなく、「今まで聞いてきたことに安住せず、むしろ新しくなって満之に会って仏法を聞こう」と立ち上がることです。そのタキさんの不安・苦悩こそ、まさしく如来の本願の知恵であったのです。そこに如来の知恵に照らされた、苦悩する人の歩みが始まるのです。

近代的知性は無明なり

高史明

東北関東地方に未曾有の大震災と津波が直撃しました。天災とはいえ、人間の思いを超えた甚大な被害をもたらしました。それにもまして、福島の原子力発電所の破壊による、放射性物質の汚染は深刻なものです。それは人災といってよいでしょう。安全神話は見事に崩れたのです。快適な生活を望む現代社会は、電気なしには生活できないでしょう。しかし、仮に電気はなくても生きていけますが、放射性物質に汚染された地球上では生きていけないのが、人間を含めた生き物です。

高史明《コサミョン》さんは、知性優位の現代日本の繁栄、それをもたらした科学文明の無明性を警告されていました。瓦礫《がれき》化した被災地の様子をテレビで見ていると、改めて人類の築いてきた繁栄とは何であったのか問わずにはいられません。自然の前に跪《ひざまず》くしかない人間の姿が顕《あら》わにされました。今この現実の前に、人間の知恵の無明性をつくづく感じます。親鸞聖人の「世のいのりにこころいれて」という言葉を心に刻んで念仏申し、改めて、自然の中に生かされてあるいのちであったことを感じざるを得ません。

あとがき

八月下旬、原稿を書き上げて、わたしはポーランドのアウシュヴィッツ強制収容所跡にいた。真宗大谷派児童教化連盟主催の「命の尊厳と平和を考える旅」に参加していたのである。わたしはこれまで、南京大虐殺、旧満州七三一部隊の人体実験、カンボジアのポルポトの大虐殺等の負の遺産を訪ねてきた。また、広島・長崎の原爆祈念博物館も訪ねた。じつはこのような残虐行為は、今でも世界のあちこちで行われている。現在でも多くの人が虐殺され、何百万人が難民となったと言われている。特に今回はアウシュヴィッツ強制収容所のホロコーストの実態を知るための旅であった。

わたしには、戦争とはいえ、人間はなぜこのような残虐な行為をしてしまうのかわからない。なぜナチスドイツにより、六百万人ともいわれるユダヤ人を始めとする多くの人が犠牲になったのか。

現地ガイドの中谷剛さんによれば、ヒットラーは民主的に選ばれた人物だと言う。三五パーセントの支持しかなかったにもかかわらず、なぜそれが絶対的権力を持つことができたのか。もちろん反対派の人の多くを弾圧し、権力を集中させたことに間違いはない。しかしそれよりも重要なことは、ナチスの取ったシステム的政策にあった。「ドイツの経済的貧しさは、ひとえにユダヤ人のせいである。シティロマ（移動生活者）、障害者等のせいである」と吹聴したのである。そうした吹聴に見事に乗っかったのが多くの傍観者的ドイツ人であったという。そうした傍観者的生き方が、非情なナチスドイツを支えていたというのである。

ナチスドイツは、民族の優生保護に基づき人権蹂躙的な断種手術を行った（日本でもハンセン病療養所で同様の手術が行われていた）。そして、ホロコーストでは、非道な残虐的行為により多くの人のいのちが奪われた。特に毒ガスにおける殺人工場では、ヒットラーの親衛隊（SS）の衛生兵がガスを投入したが、女性の髪を切ったり、死体から金歯を抜いたりした特別労働班員は、同じユダヤ人であったそうだ。一日でも生きたいという生理的欲求から、同胞を殺す役割をしたユダヤの人を誰が責めることができるであろうか。誠に巧みなシステム的政策であった。

ガイドの中谷さんは、わたしたちにアウシュヴィッツ強制収容所の事実に対して、「どう記憶に刻み・自覚を促し・責任を取っていったらよいのか」と問われ、その中でも「「責任」という役目が最も大切である」と言われた。しかしわたしたちは責任をどう取ればいいのか。さらに「二度と繰り返さないために、何をすべきかが問われています」と問題提起されたのである。

＊

わたしは、そこで日本の福島の原子力発電所の事故を思い浮かべていた。

もとより、日本に住んでいるわたしたちは、地震津波から逃れることはできない。自坊養蓮寺も一八九二年（明治二十四）の濃尾地震で本堂が倒壊している。また、実家の西尾市の安楽寺も一九四五年（昭和二十）の三河地震で本堂が倒壊している。戦時中で名古屋から疎開していた児童八名が本堂の下敷きになって死んでいる。わたしにとっては、地震津波はよそ事ではすまされない。

そんな中、福島原発の事故は、地震津波が要因の事故であっても人災であることに違いはない。原発事故の責任はどこにあるのか。もちろん東京電力を始めとする原発推進に関わった人たちにあることは事実である。しかしそれよりも重要なことは、「原子力発電は安全です。安いコストでできます」という国家的嘘を見抜けずにいた、わたしたちにあると思う。

じつは原発は大変なリスクを負っていることが明らかになってきた。これまで、高木仁三郎さんの「もんじゅの事故により原発はすぐ止めるべきである」という指摘、高榎《たかぎ》堯《たかし》さんの「核廃棄物の安全処理はまだできない」という指摘を無視し、突っ走ってきたのが日本の原発の現状である。この期におよんでまだ原発を推進しようとする人の思いがわたしには理解できない。

作家の村上春樹さんは、カタルーニャ国際賞スピーチで、福島原発事故について、「これは我々日本人が歴史上体験する、二度目の大きな核の被害ですが、今回は誰かに爆弾を落とされたわけではありません。我々日本人自身がそのお膳立てをし、自らの手で過ちを犯し、我々自身の国土を損ない、我々自身の生活を破壊しているのです」と述べている。村上さんは、原爆も原発事故も同じ核の被害として受け止めている。軍事利用であろうが、平和利用であろうが核は廃止すべきであるというのである。

ノーベル文学賞受賞作家の大江健三郎さんは、東日本（東北関東）大震災の翌週に、「広島の犠牲者の記憶を裏切ってはならない」と述べている。大江さんは、日本は原子力技術を使ったことの結果を直視する必要があるとし、「核の炎を経験した日本人は、核エネルギーを産業効率の観点で考えるべきではない。広島の悲劇を基に成長の手段を追求すべきではない」との見解を示した。村上さんと同じ視点である。村上さんはさらに、「自然災害を受け入れて生活することに慣れている日本国民は、再建し、復興に向けて立ち上がることができると確信している」と述べている。

十万人におよぶ人々が、原子力発電所の周辺地域から立ち退《の》きを余儀なくされている。テレビでは、田畑や牧場や工場や商店街や港湾が、無人のまま放棄されている現状を放映している。特に乳幼児・子どもを抱えた人々は、もう二度と、その地に戻れないかもしれない不安を抱いている。徐々に福島原発の実情が説明されてくる。何か腑に落ちない説明は、言い訳のように聞こえる。ただ確かなことは、少なくとも三基は、修復されないまま、いまだに周辺に放射性物質を撒き散らしている。メルトダウン・スルーがあり、まわりの土壌は汚染され、かなりの濃度の放射性物質を含んだ排水が、近海に流されている。風もそれを広範囲に運んでいる。風評被害も起きている。何を頼りに、何を信じてよいかわからない。

＊

仏教は無常を説く。ものごとは常に変化し、永遠に変わらない絶対的なものはないという。人間の知性の限界性を説くのである。わたしは科学技術を全面的に否定するものではない。ただ、こと原子力発電においては絶対的安全ということはあり得ないと思う。原子力に携わっている、たとえば京都大学の小出裕正さんも、「原発は危ない、作るべきでない」と力説されている。

じつは念仏はそのことをわれわれに教えてくれているのである。科学はどこまでも人間のいのちの平等性に立つべきである。そして、自然に対する謙虚さを持つべきである。その点、国の原子力推進に関しては、平等性に欠けているといえよう。一部の地域の人々の犠牲の上に成り立っているのが原子力発電所の設置といえなくもない。無茶を承知で言えば、絶対安全なら都会のど真ん中に作ればよいわけである。わたしたちは、そうした核の不安を他人になすりつけて生きてきた。慚愧に堪えない。

今後、原発に関わるすべての人々の新たな生活保障を国が責任を持って行い、原発問題は人類全体で受け止めていかなければならないと思う。念仏の教えに生きるということは、危険性のある原発は廃止すべきであるという一点に立つことである。それこそ真宗仏教徒の証《あかし》である。いかなる理由を付けようが、後々の人々に放射性物質を残してはならない。勇気を持って反対することであると思う。

＊

長いあとがきになってしまったが、今回の『ひとくち法話　いま伝えたい言葉』は、六年ほど前より中日新聞の「今週の言葉」に執筆したものに加筆訂正を加えたものである。

このように「いま伝えたい言葉」を出版する運びとなったことは望外の喜びである。

わたくし事であるが、わたしたち夫婦は三男三女の六人の子宝に恵まれた。このたび十一月十二日に三男の悠が、美穂さんと結婚する運びとなった。これで兄弟全員結婚することになる。そんな中で、披露宴にご臨席くださる方、悠の成長を温かく見守ってくださったお同行の方々に読んでいただきたく出版を十一月十二日に合わせたのである。そうした意味からすれば、タイトルを「いまあなたに伝えたい言葉」とした方がよかったかもしれない。

じつは阿弥陀如来の本願は「十方衆生」すべての人々に呼びかけられている。しかし、それは抽象的に「皆救ってくださるそうだ」と言うようなことでなく、具体的に「汝一人」と「あなた一人を救わずにはおれない」という誓いである。だから「あなた」の三字をなくしたのは、この世界のすべての人に伝えたいと願ったからである。しかし、それはこの本を手にとってくださったすべての人々に通じる「あなた一人に伝えたい言葉」でもある。

こうしてまとめてみると、わたしの関心は、仏教の教えを現代社会の諸問題を通して、いかに聞いていったらよいのかを課題にしていることが明らかとなった。反戦平和の問題は、多分に重複するところもあったがそのまま収録した。

本書の刊行にあたり、今回も故真野正志さんの絵を表紙絵に使わせていただいた。絵をご提供いただいた奥さまの真野孝子さんには心よりお礼申し上げたい。

また、このような出版を快く引き受けていただいた法藏館の西村明高社長、労を煩わせた同編集の満田みすずさんには心よりお礼申し上げる。

最後に東日本（東北関東）大震災、津波によっていのちを奪われたすべての人々、現在避難生活を余儀なくされている人々、そして福島原発事故の被災者の人々に対して深い悲しみをもって、一日も早くもとの普通の生活に戻られることを切に念じ、その事実を心に刻みたい。

南無阿弥陀仏

二〇一一年一〇月

一宮・菩提道場にて　　中村　薫

中村　薫（なかむら　かおる）

1948年愛知県に生まれる。大谷大学文学部仏教学科（華厳学）卒業。同大学院人文科学研究科博士課程仏教学専攻修了。
現在，同朋大学文学部仏教文化学科教授。同大学院教授。博士（文学）。真宗大谷派養蓮寺住職。
著書に『日中浄土教論争』『中国華厳浄土思想の研究』『正信偈62講』『華厳の浄土』『親鸞の華厳』『いのちの根源』『中村薫講話集』（以上法藏館）
現住所　愛知県一宮市千秋町佐野2935

ひとくち法話　いま伝えたい言葉

二〇一一年一一月一二日　初版第一刷発行
二〇一四年　五　月一五日　初版第二刷発行

著　者　中村　薫
発行者　西村明高
発行所　株式会社　法藏館
京都市下京区正面通烏丸東入
郵便番号　六〇〇-八一五三
電話　〇七五-三四三-〇〇三〇（編集）
〇七五-三四三-五六五六（営業）

装幀　原　拓郎
印刷　立生株式会社　・　製本　清水製本所

ISBN 978-4-8318-8708-5 C0015

中村 薫 先生の本